ANALISI DEL LIBRO

AF142080

Germinal

• • • • • • • • • • • • • • • •

ÉMILE ZOLA

ANALISI DEL LIBRO

Scritto da Hadrien Seret
Tradotto da Sara Rossi

Germinal

Émile Zola

ÉMILE ZOLA

SCRITTORE E GIORNALISTA FRANCESE

- **Nato a Parigi nel 1840**
- **Morto a Parigi nel 1902**
- **Opere degne di nota:**
  - *Nana* (1880), romanzo
  - *Il paradiso delle signore* (1883), romanzo
  - *Germinal* (1885), romanzo

Émile Zola, nato nel 1840, è uno dei più celebri romanzieri francesi del XIX secolo. Morto nel 1902, è noto come la figura di spicco del naturalismo, un movimento letterario che mirava ad incorporare le ultime innovazioni scientifiche dell'epoca. Nei suoi romanzi, Zola introduce un'ipotesi formata in seguito all'osservazione della vita reale e poi la verifica attraverso la sperimentazione. Questa estetica è esemplificata dal ciclo di romanzi *Rougon-Macquart*. Questa serie di 20 libri è stata la produzione letteraria più significativa di Zola e ha avuto un enorme successo nonostante i suoi numerosi detrattori.

Zola è anche famoso per le sue prese di posizione politiche, che spesso hanno portato a rappresaglie nei suoi confronti. Il più noto di questi incidenti fu la sua condanna dell'affare Dreyfus, quando Zola scrisse una lettera pubblica intitolata *J'accuse…!* ("Io accuso", 1898) che contribuì in modo significativo alla risoluzione del caso e al proscioglimento del capitano Dreyfus dalle accuse mosse contro di lui.

GERMINAL

L'EMERGERE DEL SOCIALISMO DURANTE L'ASCESA DEL CAPITALISMO

- **Genere:** romanzo
- **Edizione di riferimento:** Zola, É. (1998) *Germinal*. Trans. Collier, P. Oxford: Oxford University Press.
- **1ª edizione:** 1885
- **Temi:** miniere, lavoro, amore, violenza, amicizia, speranza, morte, socialismo, condizioni di lavoro

Germinal è il 13° volume del ciclo dei *Rougon-Macquart*. In questo romanzo, pubblicato nel 1885, Zola descrive le lotte di un gruppo di minatori frustrati dalla loro misera qualità di vita, sullo sfondo dell'emergere del socialismo. Per creare un ritratto il più possibile accurato di una comunità mineraria, lo scrittore fece un lungo viaggio ad Anzin (Francia settentrionale), dove si immerse nella comunità mineraria per diversi mesi.

Il fatto che durante il funerale di Zola si siano sentite grida di "Germinal!", urlate da un gruppo di minatori, la dice lunga sull'importanza e l'impatto di questo romanzo, sia dal punto di vista sociale che da quello strettamente letterario.

SINTESI

PRIMA PARTE

Étienne Lantier, meccanico da poco diplomato, vaga per il Nord della Francia in cerca di lavoro. Alla fine viene assunto come tramviere (un lavoratore che trasporta carbone spingendo piccoli carri) presso la Società mineraria di Montsou, come parte di una squadra guidata da Maheu, patriarca di una famiglia di minatori. Della squadra fanno parte anche Chaval, il figlio di Maheu, Zacharie, il vicino di casa Levaque e sua figlia Catherine. Lantier alla fine si innamora di Catherine, che è anch'essa un tramviere e lo aiuta ad ambientarsi nella comunità mineraria. Étienne scopre presto che il mondo dei minatori è definito da condizioni miserevoli e da un lavoro estenuante, per il quale l'unica ricompensa è un magro salario che spesso viene ulteriormente ridotto a causa delle multe imposte dai capisquadra. Stremato dal primo giorno di lavoro, Étienne riesce a trovare alloggio presso un ex minatore di nome Rasseneur, che ora possiede un caffè.

PARTE SECONDA

La miniera di Montsou è di proprietà dei Grégoires, una famiglia borghese composta da una coppia di coniugi e dalla loro viziata figlia Cécile. Nonostante la crisi industriale, i profitti dei Grégoire sono rimasti costanti. Il cugino di Monsieur Grégoire, Deneulin, proprietario di un'altra miniera, viene a trovarli all'ora di pranzo.

Nel frattempo, La Maheude, moglie di Maheu, si è rassegnata alla necessità di andare a chiedere l'elemosina, perché non riesce ad arrivare alla fine del mese. Viene rifiutata, ma riesce comunque a procurarsi del cibo andando da Maigrat, un negoziante obeso e libidinoso che fantastica di andare a letto con Catherine. Dopo aver spettegolato con le vicine, La Maheude torna a casa per preparare la cena e attingere l'acqua per il bagno dei suoi familiari. Quando tornano, mangiano, si lavano ed escono di nuovo per la notte.

Nello stesso momento, Étienne cammina tra i campi di grano, spesso teatro di incontri sessuali illeciti. Assiste impotente allo stupro di Catherine da parte di Chaval e giura vendetta in un impeto di gelosia.

TERZA PARTE

Con il passare del tempo, Étienne si adatta al suo lavoro di minatore così bene da essere considerato il miglior lavoratore della miniera e riesce persino a riconciliarsi con Catherine, anche se non sopporta la sua relazione con Chaval.

Incontra il suo vicino, un altro inquilino di Rasseneur: un meccanico russo di nome Souvarine, anarchico e sostenitore della distruzione totale. Étienne gli parla a lungo dei progetti socialisti che vuole realizzare per aiutare i lavoratori.

Dopo la festa dei minatori, nota come Ducasse, Zacharie si sposa e lascia i Maheus, e La Maheude prende Étienne come inquilino per compensare il deficit di reddito. Nel frattempo, gli ideali socialisti di Étienne prendono sempre più piede e portano alla creazione di un fondo di emergenza e di un'associazione.

Più tardi, Maheu e Lantier si recano a ritirare il loro stipendio, che si rivela incredibilmente basso perché sono state inflitte loro diverse multe. Cominciano a prendere forma i piani per uno sciopero, fomentati dalle nuove misure di risparmio messe in atto dall'azienda. Poco dopo, nella miniera crolla una parte di una galleria e uno dei figli di Maheu, Jeanlin, rimane gravemente ferito. Catherine annuncia allora che lei e Chaval andranno a lavorare in un'altra miniera.

QUARTA PARTE

Lo sciopero inizia quindici giorni dopo. Una delegazione composta da Étienne, Maheu e Levaque viene inviata da Hennebeau, il direttore della Compagnia, mentre è nel bel mezzo della cena. Cercano invano di negoziare il ritorno alle condizioni di lavoro precedenti. A poco a poco, lo sciopero si estende agli altri pozzi e il fondo di emergenza non è più sufficiente.

Étienne invita Pluchart, un rappresentante della sezione francese dell'Internazionale, a recarsi in visita per convincere i minatori ad aderire *in massa* allo sciopero. Tuttavia, l'incontro viene interrotto dall'arrivo della polizia. Dopo un altro tentativo fallito di negoziazione con Hennebeau, la popolazione perde fiducia nello sciopero. Tuttavia, Étienne riesce a riattivarlo con una riunione segreta nella foresta, dove si progetta di estendere lo sciopero alla miniera di Jean-Bart il giorno successivo.

QUINTA PARTE

Chaval, che lavora alla Jean-Bart, incoraggia i suoi colleghi a scioperare. Tuttavia, un incontro con il suo capo, Deneulin, lo convince a tornare in miniera. Mentre gli operai sono in miniera, la banda di seguaci di Étienne arriva e taglia i cavi degli ascensori; ai minatori, costretti a usare le scale di emergenza per fuggire, non resta che unirsi al movimento.

Nonostante la resistenza opposta da Deneulin, la fossa di Jean-Bart viene distrutta. Étienne, ubriaco, perde il controllo delle sue truppe, che si disperdono per distruggere tutte le fosse circostanti. Durante il tragitto, si impadroniscono di una carrozza su cui viaggia Cécile. Deneulin riesce a salvarla in tempo, ma Maigrat viene ucciso quando il suo negozio viene saccheggiato. La folla viene infine dispersa dall'arrivo della polizia.

SESTA PARTE

Jeanlin nasconde Étienne in una miniera dismessa per evitare che venga arrestato dalla polizia. La neve inizia a cadere, mettendo i minatori in sciopero in una posizione ancora più insostenibile. Alzire, una delle figlie di Maheu, finisce per morire di fame. Étienne, che era partito di nascosto, incontra Chaval nella casa di Rasseneur. Tra i due uomini scoppia una rissa e Étienne ne esce vittorioso.

Per evitare che i lavoratori stranieri appena assunti inizino a lavorare, gli scioperanti prendono posizione e affrontano gli agenti di polizia che sorvegliano il pozzo della miniera. Messi all'angolo, i poliziotti finiscono per aprire il fuoco sui minatori, uccidendo Maheu e molti altri.

SETTIMA PARTE

In seguito a questo disastro, tutti i minatori si rivoltano contro Étienne. Rendendosi conto che lo sciopero è fallito, Étienne e tutti i suoi compagni tornano sul campo di lavoro. Souvarine sabota una delle gallerie, che crolla intrappolando Étienne, Catherine e Chaval.

All'esterno della miniera, si avvia un tentativo di salvataggio disorganizzato e la situazione diventa ancora più critica quando Zacharie provoca un'esplosione di metano. Nella miniera, Lantier e Chaval vengono nuovamente alle mani e questa volta Chaval viene ucciso. Non avendo più nulla che la trattenga, Catherine ricambia l'affetto di Étienne.

Poco dopo, Étienne viene salvato. Lascia la miniera per Parigi, ma non prima che i colleghi si facciano avanti per stringergli la mano riconoscendo tutto quello che ha fatto per loro.

STUDIO DEL CARATTERE

Dato che il romanzo è incentrato sullo scontro tra operai e borghesi, sembra opportuno analizzare i personaggi principali da questo punto di vista.

I LAVORATORI

Tutti hanno una cosa in comune: ognuno di loro subisce un cambiamento radicale di atteggiamento.

Étienne Lantier

Étienne Lantier è il protagonista del romanzo. È l'amico di Maheu, il pretendente di Catherine e il nemico giurato di Chaval.

All'inizio del romanzo, Étienne Lantier è presentato come un giovane malinconico, le cui prospettive future appaiono fosche dopo il licenziamento per comportamento aggressivo in stato di ubriachezza. Pur avendo scarse aspettative per il proprio futuro, vuole ricominciare da capo e quando gli viene offerto un lavoro come tranviere, accetta.

Sebbene non avesse mai pensato alle classi operaie, il contatto costante con loro porta a un cambiamento importante nelle prospettive di Étienne. Gradualmente si pone come leader di una causa che lo appassiona: aiutare i minatori ad ottenere migliori condizioni di lavoro. Tuttavia, la sua ossessione per questo obiettivo lo porta a diventare arrogante ed egoista, rendendo impossibile la vittoria dei minatori, la cui sconfitta è sancita dalla sparatoria. Dopo aver fallito nel trasformare la sua visione in realtà, si dimostra un codardo per la sua riluttanza ad accettare la responsabilità delle sue azioni. Rimasto senza nulla dopo il crollo del tunnel causato da Souvarine, decide di tornare a Parigi.

Maheu

Lavoratore coscienzioso e benvoluto da tutti, Maheu è a capo di una famiglia numerosa che cerca di mantenere grazie al suo duro lavoro. Nonostante la difficoltà del suo lavoro, è considerato un uomo onesto e pacifico, fino a quando il discorso di Étienne sullo sciopero non provoca un cambiamento significativo nel suo atteggiamento. Diventa il braccio destro di Étienne e questo lo porta ad agire con violenza, non esitando a fare qualsiasi sacrificio necessario per portare a termine lo sciopero.

Quando viene licenziato a causa del fallimento dello sciopero, la sua personalità cambia drasticamente: anche se all'inizio era un uomo onesto, diventa sempre più selvaggio, il che lo porta alla morte durante lo scontro con la polizia. Viene ucciso insieme a molti altri operai.

Catherine Maheu

Catherine è la figlia di Maheu ed è una giovane donna gentile e intelligente, di fatto l'unico membro alfabetizzato della sua famiglia. È estremamente matura per la sua età. È segretamente innamorata di Étienne, ma la sua vita viene sconvolta il giorno in cui Chaval la violenta e la rivendica come sua amante. Sebbene sia ancora innamorata di Lantier, da quel momento in poi è completamente dominata da Chaval e

torna ad essere se stessa solo quando lui viene ucciso da
Étienne. Finalmente può avere un incontro appassionato con
il suo amato, ma muore prima di poter essere salvata.

Chaval

Anche se inizialmente viene dipinto come una persona leale
e rispettabile, Chaval è violento e aggressivo per natura.
Sviluppa un odio bruciante nei confronti di Étienne, che con-
sidera un rivale per l'amore di Catherine. La sua rabbia lo
spinge alle peggiori depravazioni, che si spengono solo con
la sua morte: è brutale (aggredisce Étienne in più occasioni
nel tentativo di ucciderlo e picchia spesso Catherine per
gelosia), corrotto (blocca lo sciopero alla Jean-Bart in cam-
bio di una promozione) e perfino infido (avverte la polizia,
sperando che Étienne venga arrestato, ed è anche felice di
lavorare a fianco degli operai stranieri della miniera).

Chaval muore nella miniera: dopo il crollo del tunnel e l'esplosione di metano, rimane intrappolato con Catherine e Lantier.
Lui ed Étienne litigano e Chaval soccombe alle ferite poco
dopo.

LA BORGHESIA

Zola divide la borghesia in tre categorie.

La borghesia benestante: i Grégoires

I Grégoire, proprietari della Compagnia, fanno parte della
borghesia benestante e non si preoccupano di ciò che non li
riguarda direttamente. Finché la miniera continua a produrre

profitti, non si preoccupano di ciò che accade e si godono la loro ricchezza. Temono gli operai, che considerano una razza cattiva e inferiore.

La piccola borghesia: gli Hennebeaus

Gli Hennebeaus lavorano per i Grégoire come sorveglianti della miniera. I loro alti salari permettono loro di condividere lo stile di vita della piccola borghesia e di muoversi negli stessi ambienti. Pur essendo più vicini alla classe operaia rispetto ai Grégoires, se ne tengono comunque a distanza.

La borghesia in lotta: Deneulin

Deneulin è un cugino dei Grégoire e rappresenta i borghesi caduti in disgrazia: un tempo era ricco, ma ora la sua azienda è sull'orlo della rovina. Lotta costantemente per mantenere a galla la sua attività nonostante la crisi industriale e ha il legame più stretto con gli operai: non esita a fare tutto il necessario per proteggere la sua azienda e i suoi dipendenti.

ANALISI

UN ROMANZO NATURALISTICO

Émile Zola fu la figura di spicco del naturalismo, un movimento letterario apparso alla fine del XIX secolo come estensione del realismo. Si differenzia dal realismo per il fatto che lo scrittore, prima di iniziare a scrivere, utilizza un metodo di ricerca quasi scientifico (visita dell'ambientazione, ecc.) e per il fatto che le opere stesse sono supportate da un'accurata e ampia documentazione. In questo modo, la scienza diventava uno strumento per la letteratura, che a sua volta diventava il palcoscenico di indagini sul funzionamento della società, fino ai suoi dettagli più intimi e sordidi. Nel suo ambizioso ciclo letterario *Rougon-Macquart*, Zola si prefigge di spiegare come l'ereditarietà e l'ambiente politico, sociale ed economico di una persona possano influenzare più generazioni di individui. Zola entrò presto a far parte di un circolo di altri scrittori che condividevano le sue convinzioni (Maupassant, Huysmans, Vallès, ecc.) e che si riunivano nella sua casa di Médan. Il gruppo iniziò a fiorire intorno al 1860, ma sopravvisse per appena 30 anni: nel 1893 Zola completò il ciclo dei *Rougon-Macquart* con la pubblicazione dell'ultimo volume, e alcuni membri del gruppo morirono nello stesso periodo.

Le caratteristiche che definiscono il naturalismo sono le seguenti:

- **Ricerca documentata.** Prima di scrivere i loro romanzi, i naturalisti hanno condotto lunghe indagini sull'ambientazione scelta, raccogliendo il maggior numero di informazioni possibili sull'ambiente in cui i loro personaggi avrebbero vissuto e si sarebbero evoluti. Per scrivere *Germinal*, Zola visitò le miniere, imparando a conoscere le condizioni di vita dei lavoratori e la terminologia tecnica pertinente, e si interessò agli scioperi appena scoppiati nel bacino carbonifero di Anzin. Per questo motivo, fu in grado di descrivere la miniera (fittizia) di Montsou e i suoi lavoratori in modo straordinariamente accurato. Zola sperava che questa vivacità di dettagli avrebbe reso *Germinal* un canale attraverso il quale indirizzare l'attenzione del pubblico verso una situazione che all'epoca era spesso trascurata o del tutto sconosciuta.

- **L'importanza del determinismo.** I personaggi, le loro personalità e le loro azioni dipendono dai loro antenati e dall'ambiente in cui vivono. I personaggi di Zola ereditano dai genitori tratti morali e comportamentali che servono a spiegare le loro azioni e, in molti casi, la loro degenerazione. Étienne è figlio di Gervaise Macquart, protagonista del romanzo *L'Assommoir* (1876), e del suo amante Auguste Lantier, e questi due consanguinei influenzano fortemente la sua personalità: eredita l'alcolismo che caratterizza la stirpe dei Macquart, ed è incline alla violenza come lo era suo padre quando ne era influenzato.

- **L'importanza delle descrizioni.** Poiché le descrizioni sono essenziali per dare corpo ai personaggi e al loro ambiente, esse sono eccezionalmente dettagliate, in modo da garantire che tutti gli aspetti della realtà che l'autore cerca di trasmettere possano essere pienamente apprezzati dal lettore. In *Germinal*, queste descrizioni si concentrano sulla difficoltà di vivere e lavorare in miniera, con l'obiettivo generale di fornire un quadro il più possibile completo dell'ambiente socio-culturale che sta plasmando i personaggi. A tal fine, Zola cita anche la storia delle miniere di carbone nel Nord della Francia, ad esempio.

- **L'uso della terminologia tecnica.** In un contesto come quello delle miniere di Montsou, sarebbe stato molto difficile per l'autore evitare di utilizzare tutto il vocabolario tecnico dell'industria mineraria o il linguaggio usato dai lavoratori. Per questo motivo, durante il suo soggiorno ad Anzin, si è preoccupato di raccogliere tutte le informazioni di questo tipo che gli sarebbero servite per scrivere il romanzo.

- **Focalizzazione esterna e discorso indiretto libero.** Queste due tecniche allontanano il narratore dai personaggi. La focalizzazione esterna fa sembrare che il narratore sia totalmente indifferente agli eventi della storia, fornendo così un'oggettività. Il discorso indiretto libero, invece, dà l'impressione che siano i personaggi stessi a riflettere e a trarre le proprie conclusioni sulla loro situazione e su ciò che sta loro accadendo, facendo sembrare che siano loro la vera voce del romanzo. *Germinal* si apre con la descrizione di Étienne che cammina per la campagna verso Montsou e utilizza un punto di vista esterno, per cui anche i personaggi si esprimono esternamente.

Il naturalismo non è esente da critiche e Zola, in quanto figura di spicco del movimento, non fece eccezione. In particolare, è stato criticato per il tono cupo utilizzato, la volgarità e la mancanza di profondità psicologica dei suoi personaggi.

Tuttavia, ciò non tiene conto del fatto che l'autore si occupava principalmente delle reazioni fisiologiche e della duplice influenza dell'ereditarietà e dell'ambiente in cui vivono i personaggi. I suoi personaggi sono così fortemente segnati da tratti di personalità indesiderabili e dalla sfortuna che il loro declino è spesso inevitabile. Sono solo un pretesto per sperimentare la realtà, e la loro funzione principale è quindi quella di servire da illustrazione pratica delle teorie fisiologiche utilizzate da Zola. Tuttavia, i suoi detrattori considerano spesso l'opera di Zola eccessivamente immorale e popolata di personaggi privi di spessore.

LES ROUGON-MACQUART

Come dichiara nella prefazione a *La fortuna dei Rougons*, il primo volume del ciclo *dei Rougon-Macquart*, l'obiettivo di Zola era quello di utilizzare ogni romanzo come mezzo per esaminare uno degli ambienti sociali della sua epoca. Nel caso di *Germinal*, si concentra sugli operai e in particolare sulla comunità dei minatori, in lotta con la borghesia.

Egli intende inoltre dimostrare che i personaggi sono definiti da due fattori:

- **Ereditarietà**. Nelle opere di Zola, il protagonista eredita sempre un vizio dai genitori, un difetto che giustifica il fatto che agisca in un certo modo in determinate situazioni. Per esempio, Étienne Lantier eredita l'alcolismo della madre e la vena violenta del padre. Va notato che di solito è ubriaco nelle rare occasioni in cui non riesce a tenere a freno i suoi impulsi violenti: aveva bevuto quando ha colpito il suo capo, cosa che ha portato al suo licenziamento; la maggior parte dei suoi alterchi con Chaval avvengono sotto l'effetto dell'alcol; è ubriaco quando guida i suoi seguaci a distruggere le altre fosse, ecc.

- **Ambiente**. Lo sviluppo di ogni personaggio è influenzato anche dall'ambiente in cui vive. Étienne aveva incontrato i minatori prima di entrare nella Compagnia, ma non si era mai interessato a loro. Tuttavia, dopo averli conosciuti, la sua opinione cambia drasticamente e, ispirandosi all'ideologia socialista, diventa un convinto sostenitore dei loro diritti. Fin dal primo giorno a Montsou, osserva la rassegnazione dei minatori alla loro situazione e scopre le possibilità offerte dal socialismo grazie al suo ex supervisore, che gli invia corrispondenza politica e finanziaria. Inizia quindi a mobilitare gli altri minatori per la sua causa.

UN ROMANZO D'EPOCA

La vita in miniera a metà del XIX secolo

A metà del XIX secolo i minatori vivevano in condizioni spaventose. A causa della supremazia borghese, non avevano diritti, non avevano ricorsi legali e spesso erano costretti a lavorare a ritmi massacranti, sopravvivendo con salari miseri che spesso venivano ulteriormente ridotti dai loro datori di lavoro.

Inoltre, le classi lavoratrici avevano pochissime prospettive. Al momento dell'assunzione, i lavoratori dovevano consegnare al datore di lavoro il "libretto di lavoro", che consisteva nel curriculum vitae e in una descrizione fisica. Senza questo libretto, non potevano cambiare lavoro.

Infine, le condizioni di vita delle classi lavoratrici erano molto instabili:

- le famiglie vivevano spesso schiacciate in un'unica stanza;

- la frequente mancanza di cibo e di igiene spesso portava a malattie e morte;

- I lunghi orari di lavoro non consentivano loro di dare un'istruzione ai figli, il che significa che sia i genitori che i bambini erano spesso analfabeti;

- le loro difficili condizioni di lavoro hanno spesso portato all'alcolismo, che ha rapidamente impoverito i già magri salari di molti lavoratori.

L'ascesa del socialismo e l'Internazionale

Molti pensatori cercarono di trovare una soluzione alla misera situazione delle classi lavoratrici e dalle loro teorie nacque il socialismo. Una di queste teorie in particolare si distinse dalla massa: il *Manifesto comunista* (1848) di Karl Marx (teorico socialista, 1818-1883).

 ## IL MANIFESTO COMUNISTA

Questo manifesto politico fu scritto da Karl Marx e Friedrich Engels (teorico socialista, 1820-1895) per volontà della Lega dei Giusti, un gruppo di socialisti tedeschi che vivevano in esilio in Francia. Il suo obiettivo era analizzare la società contemporanea e i modi in cui il capitalismo era stato incorporato in essa, concludendo che il proletariato deve combattere il capitalismo attraverso una lotta di classe.

L'obiettivo è creare una società comunista in cui la borghesia non possa sopravvivere.

Il testo fu pubblicato nel febbraio 1848 sotto forma di manifesto politico, anche se all'epoca non esisteva un partito politico equivalente (la Lega dei Giusti divenne Lega dei Comunisti durante la stesura del *Manifesto*).

È suddiviso in quattro sezioni:

Il conflitto tra borghesia e proletariato. La storia non è altro che una serie di lotte di classe. La borghesia controlla il mercato globale e limita l'accesso alle risorse a pochi privilegiati. Il proletariato deve quindi sollevarsi contro questo sistema per poter rivendicare una parte uguale di queste risorse.

Il comunismo. Marx fornisce una definizione di comunismo e la utilizza per dimostrare la legittimità delle posizioni del movimento su diverse questioni importanti, come la libertà, la proprietà privata, il lavoro minorile, l'istruzione, ecc.

Il socialismo. Questa sezione offre una panoramica delle varie dottrine socialiste contemporanee e ne evidenzia i difetti.

La posizione dei comunisti rispetto agli altri partiti. La sezione finale riporta l'attenzione sulle posizioni comuniste ed esplora le prospettive immediate del movimento.

Oggi il *Manifesto Comunista* è famoso in tutto il mondo e ha contribuito allo sviluppo del socialismo e del comunismo in tutto il mondo fin dal XIX secolo. Nel 2013 è stato inserito nel registro della "Memoria del mondo" dell'UNESCO.

Il *Manifesto Comunista* sperava di rendere le classi lavoratrici consapevoli del potere che detenevano e di unirle per rovesciare la società capitalista dominante e sostituirla con una società più vantaggiosa per loro, dove tutto sarebbe stato condiviso equamente.

Per riunire gli operai che aderiscono alla sua causa, Marx fonda l'Associazione Internazionale degli Operai, nota anche semplicemente come Internazionale, di cui si parla in *Germinal*.

Una rappresentazione corretta di entrambe le parti

L'autore utilizza la numerosa famiglia di Maheu per evidenziare alcuni dei principali problemi dei minatori:

- Il personaggio stesso di Maheu viene utilizzato per illustrare il modo in cui i lavoratori venivano sfruttati, in quanto non riesce a guadagnare abbastanza denaro per sfamare la sua famiglia nonostante tutti i suoi sforzi.

- La Maheude simboleggia la vita al di fuori della miniera e le difficoltà quotidiane di una vita in povertà (le interminabili contrattazioni con il droghiere, l'impossibilità di pagare i debiti, la paura costante di ciò che porterà il giorno dopo, ecc.)

- Zacherie e Catherine illustrano i problemi causati dai matrimoni tra minatori e le conseguenze devastanti che questi matrimoni hanno sulle finanze familiari.

- Alvire, Lénore e Henri permettono alla scrittrice di evidenziare le circostanze instabili in cui crescono i bambini piccoli. Sono raramente amati e viziati dai loro genitori, che li considerano solo bocche in più da sfamare e attendono con ansia il giorno in cui saranno abbastanza grandi da iniziare a lavorare e a procurare maggiori entrate alla famiglia.

- Infine, le scorribande e i furti che Jeanlin commette dopo aver terminato il lavoro danno a Zola la possibilità di sottolineare gli effetti dannosi della mancanza di istruzione, considerata relativamente poco importante quando le famiglie sono a corto di denaro.

Pur concentrandosi sulle incerte condizioni di vita degli operai, Zola non trascura di ritrarre le difficoltà affrontate dalla borghesia:

- Dopo la morte della figlia Cécile, strangolata da Bonnemort (il padre di Maheu), i Grégoires cadono nella disperazione e tutto il fascino che il loro stile di vita esercitava su di loro scompare. Questo potrebbe essere visto come la vendetta dei lavoratori nei confronti dei loro sfruttatori.

- Monsieur Hennebeau vive solo per il suo lavoro e la sua vita privata non gli dà più alcuna soddisfazione. Lui e la moglie si tradiscono da dieci anni e invidia gli operai e il modo in cui possono amare senza freni.

- A causa dello sciopero, Deneulin deve rivendere il suo pozzo alla Compagnia. Pur mantenendo una posizione di consulente, perde lo scopo della sua vita e il suo orgoglio.

I TEMI PRINCIPALI DI GERMINAL

L'amore

L'amore è uno dei fili narrativi centrali del romanzo. Appare in quattro forme:

- **L'amore all'interno del matrimonio**. Questo viene mostrato principalmente attraverso Maheu e sua moglie.

- **Adulterio**. È una pratica solitamente condannata, ma che tutti i minatori accettano implicitamente (Levaque, La Pierronne).

- **Il piacere sessuale**. In tutto il romanzo, Zola sottolinea la totale libertà di cui godono gli operai, che sono liberi di andare a letto con chi vogliono. Questo atteggiamento è incarnato da La Mouquette.

- **Il triangolo amoroso**. Seconda forza trainante del romanzo dopo lo sciopero, la battaglia tra Étienne e Chaval per conquistare il cuore di Catherine è utilizzata da Zola per mostrare fino a che punto questi due personaggi sono disposti a spingersi per raggiungere i loro obiettivi.

La violenza

La violenza è rappresentata sia in teoria che in pratica:

- Il concetto di violenza è alluso dai minatori riuniti mentre parlano delle loro speranze di sciopero ("Blow it all away", p. 144), ed è evocato con maggior forza dalle convinzioni anarchiche di Souverine, che propugna la distruzione totale.

- La violenza fisica (distruzioni, scontri con la polizia) e verbale (discussioni) deriva dall'impossibilità di raggiungere un accordo con la borghesia. È legata allo sciopero ed è la ragione principale del suo fallimento, con la frenesia che si placa non appena lo sciopero si conclude definitivamente.

Solidarietà e amicizia

Nonostante la miseria e le circostanze difficili, i minatori mostrano un'enorme solidarietà reciproca. Ciò è particolarmente evidente durante la Ducasse e al momento del crollo delle gallerie, quando tutti i minatori rischiano la propria vita per aiutare gli amici in pericolo.

Vengono anche ritratte forme di amicizia più intime, come il profondo legame tra Étienne e Maheu e il tentativo di Souvarine di impedire a Étienne di entrare nel pozzo della miniera che aveva sabotato.

La morte

La morte colpisce in diverse occasioni nel romanzo, senza discriminazione tra le classi. I minatori subiscono perdite particolarmente pesanti: alcuni di loro muoiono in crolli di gallerie o esplosioni di metano (come Chaval e Catherine, oltre a Zacharie, che ha provocato lui stesso l'incidente), altri come Maheu muoiono in alterchi, altri ancora muoiono a causa delle loro condizioni di vita, come il piccolo Alzire Maheu, che muore di fame.

Tuttavia, nessuno è lasciato indenne dalla morte, che prima o poi arriva per tutti, indipendentemente dall'età o dalla classe sociale. Il droghiere viene ucciso durante la rivolta dei lavoratori, ma la morte di Cécile Grégoire è particolarmente degna di nota. Viene uccisa senza preavviso da Bonnemort a causa del suo status di membro della borghesia. In questo romanzo, è l'unico membro di quella classe a morire, e per di più muore per mano di un membro della classe operaia, lasciando i suoi genitori nello sconforto più totale. La sua morte simboleggia la morte della borghesia oziosa e spensierata.

UN TITOLO CHE PROCLAMA LA SPERANZA

Sebbene il quadro che Zola dipinge della comunità mineraria sia particolarmente desolante, ciò non toglie che l'autore intendesse trasmettere un messaggio di speranza, evidente nel titolo. Germinal è un riferimento al mese di primavera, una stagione tradizionalmente associata al rinnovamento nel calendario repubblicano francese.

 ### IL CALENDARIO REPUBBLICANO FRANCESE

Dopo la Rivoluzione francese del 1789, la Repubblica appena proclamata annunciò che avrebbe abbandonato tutti i simboli e le tradizioni dell'Ancien Régime (1515-1789). Venne quindi creato un nuovo calendario che dava a ogni mese un nuovo nome e sostituiva le settimane di sette giorni con quelle di dieci. Ad esempio, i nuovi nomi dei mesi estivi terminavano tutti in -idor: Messidor, la stagione del raccolto, iniziava il 19 giugno e terminava il 18 luglio. Il calendario repubblicano fu utilizzato tra il 1792 e il 1806.

Come sottolinea Zola nelle pagine conclusive del libro, le azioni di Étienne hanno gettato i semi del cambiamento tra gli operai, che non tarderanno a realizzarsi. Quando l'eroe arriva a Parigi alla fine del romanzo, mantiene ancora i suoi ideali socialisti e spera ancora di poter aiutare le classi lavoratrici. I sopravvissuti tra i suoi ex colleghi, che sono ancora nella miniera, sono stati colpiti in modo indelebile dagli eventi che hanno vissuto e intendono garantire loro condizioni di vita e di lavoro migliori. Una vita migliore per le classi lavoratrici è appena oltre l'orizzonte.

ULTERIORI RIFLESSIONI

ALCUNE DOMANDE SU CUI RIFLETTERE...

- La trama del romanzo è imperniata su un conflitto profondamente radicato. Qual è la natura di questo conflitto? Spiegate la vostra risposta.

- I personaggi di Lantier e Maheu si evolvono nel corso del romanzo?

- Perché si può dire che questo romanzo è veramente un romanzo della sua epoca?

- Utilizzate *Germinal* per spiegare il metodo naturalista di Zola.

- Qual è la forza trainante della storia?

- Quali sono i valori che Lantier e gli altri lavoratori sostengono?

- *Germinal* è la storia di un disastro. Spiega questa affermazione.

- Secondo lei, *Germinal* è un romanzo ottimista o pessimista? Giustificate la vostra risposta.

- Conosce altri romanzi che si concentrano sulle classi lavoratrici? Confrontateli con *Germinal*.

- L'obiettivo di Zola è quello di raggiungere una migliore comprensione del genere umano. Che cosa ha imparato sul genere umano attraverso questo romanzo?

ULTERIORI LETTURE

EDIZIONE DI RIFERIMENTO

Zola, É. (1998) *Germinal*. Trans. Collier, P. Oxford: Oxford University Press.

STUDI DI RIFERIMENTO

Enciclopedia Britannica. (Senza data) *Il Manifesto comunista*. [Online]. [Accessed 30 August 2017]. Disponibile da: < https://www.britannica.com/topic/The-Communist-Manifesto>

Nelson, B. (2007) *The Cambridge Companion to Zola*. Cambridge: Cambridge University Press.

Schom, A. (1987) *Emile Zola: A Biography*. Londra: Queen Anne Press.

ADATTAMENTI

Germinal. (1913) [Film]. Albert Capellani. Dir. Francia: Pathé Frères.

Germinal. (1963) [Film]. Yves Allégret. Dir. Francia/Italia/Ungheria: Marceau.

Germinal. (1993) [Film]. Claude Berri. Dir. Francia/Belgio: Renn Productions.

Vogliamo sapere da voi!
Lasciate un commento sulla vostra biblioteca online
e condividete i vostri libri preferiti sui social media!

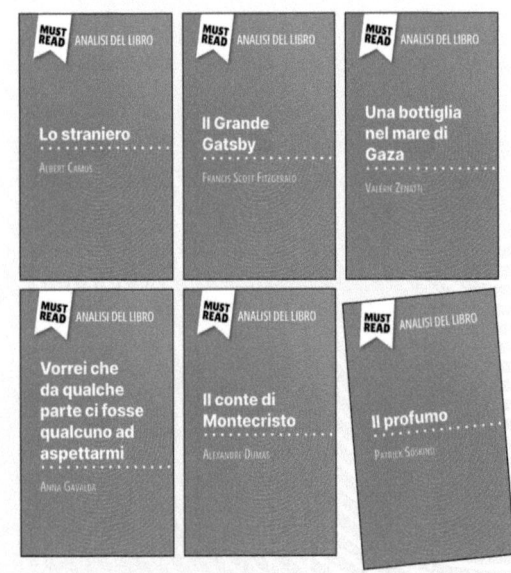

Sebbene l'editore faccia ogni sforzo per verificare l'accuratezza delle informazioni pubblicate, 50minutes.com non si assume alcuna responsabilità per il contenuto di questo libro.

www.50minutes.com

Master ISBN: 9782808690133
ISBN cartaceo: 9782808611534
Deposito legale: D/2023/12603/1433

Copertura: © Primento

Concezione digitale a cura di Primento, il partner digitale degli editori.